만인시인선 · 21

소리에 젖다

김기연 시집

소리에 젖다

만인사

자서

늦은 봄, 느닷없이 바다에 갔다.
묶인 일상에서 벗어나 출렁출렁 파도를 탔다.
아스라한 바다 둑 너머 달이 떠올랐다.
내 마음의 둑 위로 그 달 떠오르고,
나의 시는 달이였음을 고백한다.

어둠 쓸어모아 불 지피며 다시 초옥 한 채 짓는다.
박꽃 피거나, 쑥국새 날아와 쉬어가거나
만수위 구름이 여우비 풀어놓는,

차 례

차 례

1

나는 살구나무

보리밭 건너온 바람 스칠 때마다 내 몸에서 살구내 난다 부풀어오른 뭉게구름 씻어내고 씻어내어도 살구향 몸 가득 심어졌나 봐 살풋 눈 감으면 봄이 품었다 내어놓은 동그라미 푸르디 푸른 겨드랑이에 자잘자잘 주문 외듯 피어나는 하얀 살구꽃의 기억 좀 봐

길 위에서

새벽이었다 풋잠 속으로 들어와 나를 가만 흔들어 깨우는 겨울비, 스산한 울음 따라 어둠에서 헤어나지 못한 길 데리고 둥근 안식에서 멀리 떠났다 산허리 굽돌면 미처 따라 나서지 못한 전조등 불빛에 느티나무의 잠이 화들짝 돌아누웠다 악착스레 움켜 쥔 나의 손이 저려왔다 막무가내 흰나비떼로 몰려드는 눈발, 지워지는 풍경 희게 막힌 길 위에서 따라오던 길을 놓쳤다

폭설 속에 잠시 나를 방류하였다

너의 향을 카피하다

눈 감고 아득히 숨쉬면 분홍 꽃술 속에 저문 강둑 노란 꽃등 밝혀 조잘대는 달맞이 꽃잎 속에 울퉁불퉁 잘 익은 모과 속에 쩍 금간 붉은 석류 속에 갓 핀 연꽃 속에 하나 하나 추억 물고 감은 눈 밝혀 향긋 다가오는

수천 수만의 너의 향

소리에 젖다

오지게도 내린다

삼월 한밤 내내
두터운 침묵 두드리는
푸른 빗소리
안으로 동여맨 섶 풀어내어
차박차박 적시고 있다
부풀리고 있다

꿈 속까지 따라와
하염없이 수런대는 댓잎 같은
그대처럼

지금 지상은
제 소리에 겨워 우는
타악기이다

자목련 젖는 날

서둘러 핀 봄
찬비에
요량 없이 젖고 있다

어쩌자고
또 어쩌자고
저 여린 속내 들켜
찬비에 흠씬 젖는가

봉긋한 내 마음
오래 오래
꽃비 소리에 젖고 있다

다시 소리에 젖다

소쩍새 운다
중모리로 넘어가다
자진모리로 자지러진다
앞산 명치 끝에 터억 걸렸다
뒷산 다 받아넘긴다

소쩍새 울음
명주실꾸리 잡아당겼다 풀어낸다
끊어질듯 끊어질듯 이어지는
저 노래의 실꾸리

소쩍새 울음 베게 삼아
속 다 비우고 비우고 나서야
노래가 된 여자가 있다

소리를 베어 먹는다

소리를 베고 누운 낮달

늪에 빠진 노래 건져내어 뻐꾹새 운다

보리누름 뻐꾹새가 울어서 세상은 캄캄하다

누가 밤새 야금야금 소리 베어 먹었나

통통 배가 불러온 보름달

노래와 울음 사이에 떠 있다

강

잠든 시간에도 마음 굽이쳐 흐르는 강줄기가 있다 하염없이 떠나지만, 뒤돌아보지 않고 떠나지만 너를 흘러보내지 않았다 가던 길 접고 다시 돌아온 너는 노아의 방주 같다

젖으며 간다

하늘길 내며 내리는 늦가을비

서로 몸 섞으며 내리는 늦가을비

어쩔 수 없이 젖으며 가는 늦가을비

우포늪, 그 일억년의 왕국은

1월의 늪은 바람의 뿌리 잉태하고 있었다

돌가시나무바람 연밥바람 물억새바람 쥐꼬리망초바람 골풀바람 애기똥풀바람 산뽕나무바람 고니흰쭉지바람 밭종다리바람

어둑어둑 늪의 허벅지 딛고 密旨 등에 맨 바람이 갈대 서걱이는 둑 너머 우황산 솔숲으로 들었다 솔가지에 걸린 붉은 치맛자락 잽싸게 말아올리며 노랑어리연꽃 같은 달 불러 내었다

빙점 아래 늪의 은밀한 그 곳까지 달빛 풀어내어 퉁퉁 바람의 뿌리 흔들고 있었다 일억 년 품어온 피의 꿈틀거림 동면의 꿈 속에 스며들어 싱싱한 봄 잎새 그려 넣었다 캄캄하게 가라앉아 밀주 익듯 배란의 통증 견디고 있었다

우포늪, 겨울

자욱하게 뭉개어진 잿빛 하늘
둑 너머 벌떼 같이 서걱이는 억새 울음 달겨든다
늪의 둘레 사르르 살얼음 번지고
잠시 꺼져있던 생각 흔들며 돋는다
산뽕나무 위로 배추흰나비 같은 눈발
캄캄한 늪의 자궁 속 궁금한 산바람이
와르르 몰려와 기웃댄다
깡마른 연밥 줄기 아래 얼음 아래 물 아래
주검처럼 잠든 무당개구리의 꿈 속에
흐벅지게 일렁이는 초록 둔덕
쪽배가 갈라놓은 물살 타고
논병아리 떼지어 따라간다
서슴없이 눈발 갈색 배경 지우며
새 풍경 열고 있다

우포늪, 자운영꽃으로 흔들리다

복사나무 꽃불 위로
구름떼 내려앉는다
후둑후둑 다시 찾은 우포늪
흰제비꽃 둑길 따라 내려가고
앞서거니 뒷서거니
담록의 풀밭 평상 펼쳐놓는다
깍지 낀 마음과 마음
거머 쥔 붉은 꽃주먹 툭툭 피워내며
붉은 자운영꽃으로 흔들린다
속살 펴는 버드나무가지
삘릴리 삘릴리 뭉개어진
하늘 달래고 있는

우포늪, 달밤

청보리 푸른 머리 일렁이는 달밤 스멀스멀 일어나는 기운에 불콰하게 취해요 달빛 빗질하는 보름밤이면 청보리 다부룩한 밭둑 아래 일억 년을 산 그녀 희디 흰 속살 풀어 헤쳐요 자궁에 유영하는 건 개구리 울음만이 아니어요 둑 위로 반딧불이 춤사위 펼치면 둥그렇게 떠오르는 만월 속으로 속살 감춘 그녀 다시 잠이 들어요

어느 봄

그래도 그렇지 이렇게 졸음이 올까
그래도 그렇지 이렇게 속이 울렁일까
그래도 그렇지 이렇게 솔깃할까
그래도 그렇지 이렇게 별식이 생각날까

하루, 이틀, 사흘…… 그 날이 빠졌구나
아무도 눈치채지 못하게 내 몸이
둥근 우주의 집 키웠구나

창 너머 묵은 산벚나무
화르르 화르르 꽃잎 쏟는 오후
꽃길 걸어 너는 가고 없구나

못둑에서

변두리 고층아파트 물끄러미 쳐다보는 키 낮은 산 하나 있습니다 허허벌판 그 산의 손거울 같은 고산못에 갔습니다

못물 가득 짙게 깔린 산그림자 속 논병아리 지나간 자리마다 둥글게 흔들리는 산자락 퉁기며 뻐꾹새 울음 어둑어둑 깊어집니다

끊어진 가닥 잇는 풀벌레 자잘한 울음 헝클어진 그리움 감추는 사이 두터운 어둠이불 못물 지우면 오오래 보지 못한 그대 잠시 잊기로 했습니다

풍경 속

*

나즈막한 야산 폐교 다듬은 시안갤러리 3층 '오색의 꿈을 여는 전통자수 베갯모전' 이 열린다 둥근 수틀 속 원앙 한 쌍 저만치 세월도 밀쳐두고 날고 있다

*

금호강가 호작이는 청둥오리 떼 사이 수틀에서 날아내린 원앙 한 쌍 연신 물 속에 물구나무 서 있다 바람에 젖은 꼬리 흔들며 직립으로 강물에 흔들리며 떠내려가며 눈물 닦아주고 있다

퍼포먼스

야외 공연장 시멘트 바닥에 낙엽처럼 웅크리고 앉아 말을 생략한 연극을 읽네 웃다가 울다가 울다가 웃다가 다시 우네 생각컨데 만남과 헤어짐 삶과 죽음 하늘과 땅 너와 나 말줄임표 속으로 그만 녹아드네

2

봄

보셨나요?

벚꽃진달래목련 그 아래 민들레제비꽃양지꽃 그 아래 구슬붕이꽃다지바람꽃

지천으로 피워둔 채
문득 돌아서 버린
못내 야속한

그 여자

복사꽃처럼

유등 연지 가는 길은
능구렁이 등허리 같네

복사나무
가녀린 가녀린 종아리
하늘에 내어놓고
벌 서는 이월

복사꽃보다 먼저 마중 나온 그대

무등과 유등 사이
붉게 붉게 물들였네

산이 色 풀고 있다

살 간지르는 바람에
미니스커트 살짝 들춘
산이 色 풀고 있다

온몸 구석 구석
연초록 게워내어
밑그림 그린다

눈길 잦은 부위
연분홍 방점 딱, 찍고
그만 자지러진
저 여자

삼월, 금호강

산 등 지고 서서 묵상하는
갈대의 흰 머릿결 빗질하는 청둥오리
그 자맥질에 번지는
물결의 가장자리
눈 뜨는 버들강아지

하늘 끝자락
미끄럼 타듯 내려온
저녁해
깊디 깊은 서산 속으로 빠져들고
강물에 잠긴 하늘 한 폭
붉게 걸리고

오랜 우물

인적 끊긴지 오래
산노루가 물길 막힌 자궁벽에
오줌발 쏴아 흩뿌리고 가는지
물앵두 마른 나뭇가지 끝에
매달린 겨울 햇살이
먼 기억의 늪에
푸르른 알 천천히
부화하고 있다

봄비

몇 날 째 어둑어둑 구름만 앞세우더니 불어난 수위 어쩔 수 없어 그대, 유리창 가득 느낌표로 오네요 독백으로 부풀은 가슴을 열고 자박자박 그 소리 홍건히 고이네요

빛 적시다가 어둠조차 적시다가 휘어진 길 따라 그대 문득 돌아선 그 자리 더 넓게 비어져요 달빛 슬몃 들거나 한 올 햇살 심어져 돋아난 푸른 엽맥에 그대의 피 싱싱하게 흐를 테지요

직녀성

연이어 후려치고 간 태풍에도 그녀의 마음 흔들리지 않는다 키 큰 포플러 가지 부러지거나 넘어지거나 지붕이 태풍에 휩싸여 날아갔을 뿐 그녀는 울지 않는다 씨실과 날실 철컥이며 기다림의 올 짜는 그녀의 볼우물에 흰 꽃이 피었다 베틀 위에 내리는 어둠, 고개 잦히고 바라본 하늘은 온통 메밀 꽃밭이었다

등 돌린 밤에

검은 이불 당겨 덮은 먼 산조차
등 돌리는 밤이면
나는 나를 출옥시킨다

자정 건너가는 기차 소리
참지 못한 눈물 달고
솟구치는 그리움있다

기억의 꽃 송이송이 피우며
하늘 창가에 나를 세워둔다

아! 빳빳한 스크렛치다
감옥이다

팔공산에서

여민 앞섶 붉은 꽃바람에 윗도리 열어젖힌 팔공산 유두쯤에 때늦은 백목련 눈부시다 구부정한 허리춤에 뒷짐진 어머니 두 손 풀어 목련꽃 가지 잡아당긴다 하나, 둘, 셋, 찰칵! 사월 저 배경 속 앞다투어 연둣빛 봄 풀어낸다 당신의 슬픈 웃음 가득 고여 울컥 뜨거워지는

폐쇄된 홈페이지

그는 없다
굳게 닫힌 대문 위 걸어둔
음악 속에 갇힌 산새 한 쌍이
나를 맞았다

쉬이 돌아서지 못하는 마음에
내려앉은 음률이
그간의 세월
기억의 흰 고치 만들었다

명주실 뽑아내듯 풀어진 그리움
허물어진 그의 집 지붕이 되어
금방이라도 돌아와 문 열 것만 같은
그를 기다리고 있다

음성 메시지

밤도 밤이라서 더 무거운 시간
수화기에 혼잣말 남기며
어떤 표정지었을까, 그는

캄캄한 동굴의 바위문 앞에서
주문 외는 소년이듯
"비밀번호 네 자리를 눌러 주세요."

창 틈 비집고 새어드는 빛처럼
묶여있던 음성 쏟아져내려
잠시 밤 환해지는

고분 속으로

세월 등에 업고
둥글둥글한
금척 고분 곁

상사화로 핀
여자 꽃 남자 대궁

긴 목 주욱 뺀
백로 한 쌍
우리 팔베개로 누울까?

붉디 붉게 병풍 친 해기둥
고분 속으로 몸 밀어넣는

얼레지처럼

푸른 물감 쏟아부은 하늘은
초록의 한 끝 피멍들게 합니다

아시나요?
가고 없는 그대
보내지 않았음을

그대 볼에 젖은 나의 볼 부빕니다

속으로만 벙그는
얼레지처럼

초록 원로

곰티재 넘어
청도 하평리 산허리에
한 천년 살고 계시는 은행나무

비탈길에 나앉은 붉은 산딸기처럼
까르르 웃음 끝에 가 닿은 곳
우리들 마음 같은 탱글한 은행
노을 핀 하늘에서
어둑한 땅 어귀까지
밤하늘 별처럼
마구마구 매달아놓았다

푸른 알 토실토실 키우고 익혀 스스로
제물 값 마련하는 중이시라는데
지극하신 원로의 가슴
팔 둘레 몇몇 번으로도 모자라
눈으로만 훽 안아보고 돌아오는 길

할머니 그 푸른 손짓 오래오래
배웅하고 계셨다

기차를 기다리며 · 1

앞서 간 기차보다 먼저 그대에게 닿는 마음이 있습니다 키 낮은 간이역 해바라기 마른 잎새의 기억 속 고추잠자리 푸른 하늘이 가득합니다 저 해바라기 여태 기차를 기다리고 있는 걸까요 겨울을 배경으로 나앉은 산의 끝자락 멈칫 해가 노을 풀어놓습니다 오랫동안 평행의 길 위에 서 있다고 그대 바라보지 않은 건 아닙니다 산은 흩어진 길들 불러들이고 무리지어 새들 날아갑니다 드세어진 바람이 침묵하는 사람들의 목덜미로 파고들어 독백 같은 기침 쿨럭이게 합니다 오래 기다린 기차가 플랫폼으로 들어옵니다

기차를 기다리며 · 2

길 위에 선 나는 바람이었다 썰물처럼 밀려와서 저만치 건너다 보이는 대합실 그 하늘에 덩그런 보름달 허겁지겁 내달린다 두고 온 그대 보고싶어 되돌아가는 길인가 내 마음 덩달아 허둥댄다 오지 않는 밤 기차 기다리며 바람은 길게 길게 울었다

여우비

밖이 왁자하다 쨍쨍한 팔월 햇발 치렁치렁 걸어둔 채 양동이로 비 쏟아붓는다 후끈한 대지의 입김 열린 창 너머 막무가내로 파고든다 물끄러미 바라보다가 바라보다가 쏟아붓던 당신처럼

3

가을 포도밭

이젠, 다 주었구나

황갈색 늑골
듬 · 성 · 듬 · 성
남은 늦포도

아름다운 주검으로 매달렸구나

핏빛 그리움 캄캄히 저무는구나

눈은 몸의 등불이니*

눈이 없어도
가기는 간다
더듬더듬

눈이 없어도
먹기는 먹는다
더듬더듬

네가 없어도
더듬더듬
살기는 살아야지

---

*마태복음 6장 22절 중

포도나무를 읽다

웃음과 눈물은 하나이다

잎과 열매 동시에 키워가는
포도나무의 사랑은
넘치는 기쁨과
절반의 슬픔으로 성숙한다

종일토록 가랑가랑 우는 가랑비

포도나무 등걸에 갇혀
기쁜 눈물에 온몸 저리다

금언 같은

간밤에 내린 비로
물소리 또랑또랑해졌다
가던 길 접고 앉아
그 소리 다시 읽는다

물소리는 길다
사랑한다, 사랑한다
금언 같은 이름 되뇌이며
내 마음 덩달아 흐른다

바람의 길

야윈 나뭇가지에 걸린
바람의 울음
영 이별이지만은 않은 뒤안길에서
우—우 몸 풀어 하늘로 올린다

바람의 그 길에
기다림,
흰 꽃으로 피어
폭설 폭설
세상의 상처 뭉개고 있다

틈

1

산자락에 몇 날 포크레인 들썩이기에 또 무슨 난리인가 가보았더니 궁전러브호텔 신축현장 표지판에 쓰여 있네요 미궁의 러브호텔 빠르게 굴착작업 끝내고 네모 반듯하게 시멘트 덧칠하여 볕에 말리고 바람에 말리는데요 밤 사이 어느 틈으로 들어갔는지 황구렁이 한 쌍 그곳에서 시운행한다네요

2

산허리 작약밭에 작약 꽃망울 올망졸망, 짙푸른 배경에 붉은 점 찍던 날 의성 오일장에 내다 팔 작약꽃 꺾으러 갔다가 얼씨구 밭고랑에 낮잠 든 白蛇 한 마리 붙잡아 포대기에 칭칭 모셔두고, 그 놈이랑 긴긴 밤 뜬 눈으로 지새다가 새벽녘 안개 속에 깜빡 졸고 일어나 보니 백사는 어느 틈엔가 달아나고 머리채 묶인 빈 포대기 풍선 마냥 바람만 안고 있다 하네요

3

그는 단단히 여민 내 마음의 뚫고나온 황구렁이였다가 칭칭 동여맨 마음 틈새로 빠져나간 백사였다가 글쎄 그렇다니까요

메니큐어를 바르며

그리워, 그리워 붉어진 마음
눈길마다 단풍 드는 시월의 밤

하얀 발 나란히 내밀고 앉아
발톱 위에 분홍 꽃잎 앉힌다
엄지발가락에 넓은 꽃잎 두 장
검지발가락에 고만큼의 꽃잎 두 장
야무지게 찍으면
온통 분홍 꽃밭이다

그리운 그대 부전나비로 오시라
아니 아니 팔랑이는 내 마음 붉게 물들이는
고추잠자리로 오시라

국화

시장 골목 끝 돌다가
양철통 가득한 가을 만났네
노오란 볼 비좁게 맞대고 서서
그칠 줄 모르는 웃음 피우고 있었네
지병처럼 골똘한 내 마음에
노란 모습 건너와 하르르
그 골똘 풀어 헤치네
가을 한 다발 품에 안고 오는 길
미리 뜬 초승달 만났네
품에 안긴 가을 한 잎 휑하니 날아가
어둑한 하늘에 콕, 찍혀 있었네

고모역에서

고산초등학교 돌아
묵은 포도밭길로 들면
밭둑 아래
성냥통 만한 고모역
깜박 졸고 있다

구절초 맨드라미 냉이꽃 씀바귀꽃 질경이 엉컹퀴
끼리끼리 모여 피고 지는 간이역
바쁘게 뛰어온 마음 슬몃 풀어놓고
완행기차 기다린다

기다리다 지쳐 불쑥 일어서면
이마 앞으로 다가오는 키 낮은 고모령
아, 젖었다 깨었다
초록잎 빗줄기에 씻어내며
지친 가뭄 풀어내고 있다

구비구비 건너온 만삭의 그리움

외줄기 기적처럼 불쑥 달려와
해산하고 만다

착각

늦잠 잔 날 출근 시간은 임박하구요
치렁치렁한 머리만 말리고 집을 나서는데요
오일 게이지가 빨간 선에서 알짱이데요
길가 주유소에 들러 기름 넣는 사이
손거울이랑 립스틱 꺼내 들었지요
아, 그런데 이게 웬일입니까?
저만치 주유기를 든 사내가 연신 손을 들어 보이지
뭐예요
헛기침 한 번하고 립스틱을 발랐는데요
그가 성큼성큼 다가와서 똑, 똑
창문을 두드리데요

"왜 그러세요?"
새침하게 내가 말했지요
"주유구 여세요!"
그가 쏘아붙이데요
"아까 열었는데……"
"드렁크 문 열었잖수!"

더듬더듬 버턴 찾는 내 손에 식은 땀 흥건히 고이지 뭐예요

지게꽃

조잘대는 봄이 왔습니다
야트막한 산자락 진달래 그 날처럼
제 살 부풀리고 있겠지요

진달래꽃 꺾어 풀짐 속에 감춘 아버지
나무 한 짐 덩실 지고 오시던 저녁
유리병에 미리 핀 붉은 봄
산꽃보다 먼저
소쩍새 울음 삼켰지요

오늘밤 붉은 포도주 잔에 흐벅지게 피어
포도주빛 눈물 그 꽃만 같습니다

옛집

당신의 옛집 땅 속 깊이 깊이 다져 넣었습니다 당신 향한 마지막 나의 몫엔 제 속에 쟁여우는 억새의 몫 섞였습니다 봄이면 옛집의 발등을 헤집고 파릇이 움틀 억새더미에 붉은 울음 풀어내며 저녁노을이 내려 앉았습니다 아, 돌아와 바라 본 거울 속 나의 몸집에 이 세상 등진 당신의 옛집 처연히 계십니다

의자를 추억한다

간밤 내린 싸락눈 아흔 외할머니 머리카락처럼 빤짝인다 아파트 공터 여기저기 폴짝이다 간 아이들의 발자국 우두커니 내다앉은 낡은 의자에 선명하게 문신이 새겨졌다 네 다리 빳빳한 중심 위에 앉아서 도란도란 식탁의 찌개가 줄어들고 향긋한 찻잔이 비어지고 굽이굽이 풀어내던 그 이야기 지나가는 바람소리에도 꿈적하지 않는다 버려진 쓸쓸한 이름 앞을 어머니의 어머니 굽은 등 손 없은 채 저만치 앞서 가신다

4

수평선

바다의 둑이다

아스라한 둑 너머
쉼없이 내달려 와 철썩이는
파도, 파도떼서리

네게로만 달려가는
그리움, 그리움떼서리

마음의 둑이다

봄밤 · 1

산수유 샛노란 꽃잎 같은 음성
삼월을 더듬으며 내리는 빗방울

시간의 지팡이 끌고 지나가고
눈 먼 청이아비처럼
나는 뱃머리에 선 청이가 되어
환장할 봄바다에
풍덩 뛰어 내리고 싶어

저기 봐!
목련나무 가지마다 치밀어오르는
저 영혼의 흰 등

봄밤 · 2

그리움의 촉수마다
붉은 빛 켜질 때
빛 따라 산길 내려온 밤바람에
봉긋이 묶어둔 목련망울
은밀히 겉옷 벗어내어
환하게 꽃등 다는
꽃밤

까치집

청도 금천 산마루
구불텅 구불텅 내려오다가
안개에 갇혀 단꿈 꾸는
산골마을 만났네
둥근 무덤 몇 채 모셔 두고
더불어 살고 있었네

허물어진 담벼락 사이
하늘 괴고 서 있는 감나무
우듬지에 신방 꾸민 까치집
아욱꽃 같은 저녁연기 피어오르고 있었네

가던 길 문득 잊고
한 백년쯤 까치집에 세 들어 살고 싶었네
돌아갈 길 영영 놓치고 싶었네

화석

오지 마세요!
늦가을 도꼬마리 씨앗 같은 反語가
그를 불렀겠지요

바람처럼 달려온 그가
주먹만한 돌숲 한 점 건넸습니다

검은 숲 너머
막차 같은 붉은 해 걸렸습니다

오지 마세요!
지지 않는 해 하나
동행하는 가을의 가련함이라니

시월 부케

쑥부쟁이, 억새, 찔레
흔들어 깨우는 산새소리
두 마음 함께 묶은
가을 한 다발

해 삼켜 훤한 밤
푸르른 시간 이마 위
까치밥처럼 내걸린 보름달 속으로
사뿐사뿐 걸어가는
시월의 신부

연리지

무슨 죄명일까
하나이지 못한 두 生
비 맞고 눈 맞으며
달 모르게
해도 모르게
척, 가슴
맞닿은
슬프도록 아름다운
저 옹고집

늦꽃 피네

1
백로 지나 추분 지나
제각기 단풍 드는데
저 돌짝 사이
꽃잎 연 민들레
어쩌나, 어쩌나

2
가을 민들레
얼마나 망설였을까
두려웠을까

세월 거슬러 피워낸 저 고독

울지 마라, 울지 마라
뼈 아픈 늦사랑

산내 못

산과 못이
은밀하게 합궁 중이다
만수위 찰름찰름
산그늘 내려오고
산도 함께 따라 와
웃자란 몸 담근다
연초록 숲 출렁이며
쑥꾹새 헤설픈 울음소리
하늘 깊이깊이 내려앉는데
어느새 배 불리었나
둥실 두둥실
떠오른 옥동자

방

적적한 웅덩이 같은
내 마음의 방
여름 소나기처럼
느닷없이 후둑이는 그대

별 심고, 달 걸고, 산사나무 심고, 찔레나무 심다가
그 별 쓸어모아 팝콘 만들고
달 속에 우물 파고 두레박 내리고
빈 몸 산사나무에 붉은 등 달고
찔레나무 흰 꽃송이 피워내는

요량 없이 장대비 맞은
만수위 웅덩이처럼
해종일 출렁이는
나는

달

유리잔 하나 두고
홀로 권한다
홀로 권한 잔에 뜬 달
그도 하나다

밖이 부산하다
돌아서는 가을밤
울음 토하는지
젖은 늦가을 그도 하나다

내 마음 만공산 명월인 너

소리는 녹슬지 않는다

1

멀리서 들려오는 소리일수록 가슴 깊이 고인다. 그것도 눈으로 가늠할 수 없는 곳에서 들려오면 온몸의 촉각이 일제히 소리나는 쪽으로 넝쿨손을 내민다.

2

나는 어린 시절, 계절이 오가는 소리를 산새에게서 들었다. 뒷담 너머 키 큰 오동나무 맨살이 드러나고 방문 앞까지 뛰어와서 밤을 외던 귀뚜라미 울음이 그치고 나면 앞산 중턱에서 부엉새가 겨울을 풀어놓았다.

부엉―, 부엉―, 부우엉―.

한층 드세어진 바람이 문풍지를 울리고 사립짝에서 복실이가 낑낑대는 긴긴 밤이 새고 나면 마당 가득 첫눈이 쌓여 천장까지 환해졌다.

산골의 눈은 겨울내내 왕성하였다. 또래 친구들과 비닐 비료 포대기 하나씩을 들고 눈 덮인 뒷산 야트막한 산자락을 오르내리며 눈썰매를 탔다. 그 바람에 산그늘이 한 뼘쯤 더 늘어나고 그렁대던 겨울해가 이내

지곤하였다.

"연아, 니는 감자 몬 먹제?"

저녁 배가 후줄그레할 때쯤이면 아버지는 소죽솥 아궁이에서 구운 감자를 꺼내어 오셨다.

"아이다. 내 잘 먹는다."

나는 입이 짧아서 밥을 싫어했다. 이런 막내를 위해서 아버지는 겨울내내 넉넉하게 군불을 지펴 감자와 고구마를 구워주셨다.

"우리 연이, 하나만 더 먹으면 옛날 이야기해주마."

아버지의 이야기는 흥미진진하였다. 꼬리가 아홉 개인 여우이야기, 표독스런 계모이야기, 전지전능한 산신령이야기, 효심 지극한 산골 청년이야기……. 이야기 사이사이 침을 삼키다가 우연히 듣는 저음의 그 부엉이 울음은 어린 가슴을 서늘하게도, 외롭게도 만들었다.

3

산골의 봄은 느림보이다. 양지쪽 담장 아래 삼삼오오 모여 앉아 주머니가 볼록하게 넣어온 생쌀을 뽀도독 뽀도독 소리내며 나눠 먹었다. 입술에 뽀얀 쌀물이 번지고, 두 볼에 찔레꽃 같은 버짐이 필 무렵이면 소쩍새 울음이 스산한 겨울을 걷어낸다.

솟쫑—, 솟쫑—, 솟솟쪼옹—.

부엉이의 저음에 눌렸던 마음에 청아한 소쩍새의 울음은 상큼한 노래가 되어 하느적 하느적 봄바람을 불러들인다. 그런 날 밤이면, 달빛이 훤히 산골을 지피고, 겨우내 눈빛 나눈 처녀 총각들은 나란히 손을 잡고 뒷산으로 달구경을 갔다. 묵은 소나무 구불텅 드러누운 문중 묘지가 이들의 등받이가 되었다고…….

봄도 어지간히 깊어 갈 때면 하나 둘 붉은 소문들이 참꽃 망울처럼 터지기 시작하였다. 소문은 금세 푸짐해졌다.

마을 구판장집 외동딸 순희 언니는 지난 겨울 재 너머 동네 저수지 막으러 온 불도저 기사 이씨에게 손목이 잡혔다고, 둘은 수정골로 달구경 갔다가 순희 언니는 그만 발목이 접질러 이씨의 넓은 등에 업혀서 내려왔다던가. 열여덟 순희 언니는 배가 나날이 토실토실 불러오는 이유를 어린 나는 알 수가 없었다.

알 수 없는 소문은 그 뿐만이 아니었다. 뒷집 청송댁은 어린 남매를 홀로 키우면서도 늘 웃음을 달고 살았다. 자그마한 키에 호리호리한 몸매는 누구에게나 안타까운 마음을 가지게 하기에 충분하였다. 그러나 짙은 눈섭에 피부가 까무잡잡한 청송댁은 억척스레 논밭을 손수 일구었다. 이웃집 인정 많은 의성 아제가 가끔

청송댁 논을 쟁기질해 주더라는 소문이 돌기 시작하였다. 소쩍새 울음조차 잠든 깊은 밤, 의성 아지매의 원망 섞인 울음이 여러 번 흐드러지더니 어느 날 청송댁은 조촐한 살림살이를 챙겨 두 아이 앞세우고 소문없이 월촌을 떠나갔다. 늦은 봄날이었다.

4

청보리 푸른 파도 일렁이는 산골은 길어진 해만큼이나 풍요로워졌다. 한창 농사철이라 집집마다 노인들과 조무래기들만이 남아 종일토록 동네를 돌아다녔다. 아이들은 우그러진 주전자 하나씩을 들고 뒷산으로 산딸기며 오디를 따러 갔다.

딸기 덤불 속은 캄캄한 동굴 같았다.

"우리 아부지가 저어기 게오지 산다 카더라."

"우리 오빠야 친구는 기둥 같은 능구렁이 있는 거 봤다 카던데……."

익을 대로 익은 산딸기 조잘조잘한 그 묵덤불 앞에서 어린 가슴들은 오도 가도 못한 채 하나씩 소문을 꺼내놓으며 서로를 쳐다보았다.

"능구렁이 퉤—, 게오지 퉤—"

한 아이가 덤불가에 침을 뱉으며 비방을 하였다. 우두커니 지켜보던 아이들도 덩달아 침을 뱉고는 덤불

가까이 다가섰다.

이맛살 맞댄 뒷산과 앞산 사이 뻐꾹새 울음은 치렁치렁한 햇살을 말아 올렸다.

뻐꾹—, 뻐꾹—, 뻑뻑꾹—.

아이들의 얼굴마다 달큰한 오디 물, 산딸기 물이 배었다. 까르르 까르르 웃음이 번졌다.

5

참나무숲이 다홍빛으로 물들면서 잎들이 게워내는 소리가 바람에 실려서 툇마루를 건너 안방에까지 차고 들어왔다.

차르르—, 차르르—.

싸늘한 그 소리에 온몸은 소름이 돋고 머릿속이 멍해졌다. 아랫목에 깔려있는 이불을 머리끝까지 당겨 덮고 잠이 들었다.

"연이야, 노올자."

선잠결에 친구들이 부르는 소리가 아련하게 들렸지만 나는 눈을 뜰 힘조차 없어 깊은 잠의 수렁 속으로 빨려들었다.

참풀 바람이 지나간 곳곳은 어쩔 수 없이 푸른 물길을 놓고 제 몸 속의 색을 풀어내어 물들기 시작했다. 동네어귀 느티나무는 느티나무대로 분주하게 좁은 잎

들을 부벼대고, 감나무는 감나무대로 첫 홍시를 뚝! 떨어지면 그 소리에 더욱 불콰해졌다.

산골은 금세 봄날의 그 꽃대궐보다 더 화사하게 저물어가고, 뒷산 가시덤불에 양진새가 날아와 쪼잘쪼잘 날밤을 새고 있었다.

6

산골을 떠나 회색 콘크리트 도심에 묶여 산지도 몇 십년이 지났다. 그러나 내 기억 속의 소리는 오롯이 남아 있다. 늦은 밤 열린 창으로 들리는 13층 아래 넓은 포도밭 포도잎에 빗물 떨어지는 소리는 온밤 내내 내 잠을 적시고 아련한 기억을 적신다.

계절이 오고 갈 때 어김없이 앞세우던 그 소리들은 지금도 생생하다. 무심코 듣는 소쩍새, 뻐꾹새, 쑥국새, 산비둘기, 풀벌레 소리는 가슴이 먼저 듣고 함께 운다.

지금 내 시의 관절에는 어린날 들었던 온갖 소리가 불 켜고 있다. 소리는 소리를 불러 노래의 늪이 된다. 달팽이관 속에 고여 있는 소리는 결코 녹슬지 않는다.

김 기 연

경북 의성에서 남.
1993년 『한국시』로 문단에 나온 뒤
시집 『노을은 그리움으로 핀다』를 펴냄.

소리에 젖다

초판 인쇄 / 2006년 6월 20일
초판 발행 / 2006년 6월 25일

지은이 / 김 기 연
펴낸이 / 박 진 환

펴낸곳 / 만인사
등록번호 / 1996년 4월 20일 제03-01-306호
주소 / 대구광역시 중구 봉산동 235-11
전화 / (053)422-0550
팩시밀리 / (053)426-9543
E-mail : maninsa@hanmail.net

ISBN 89-88915-64-X

값 6,000원